Ein Elfenhellfer Selbsthilfebuch

Sei sanft mit Deiner Wut

Die meisten Elfenhellfer Selbsthilfebücher wurden auf chlorfrei gebleichtem
HANF-PAPIER
aus Hanfschäben gedruckt – eine österr. Weltneuheit. Eine Tonne Hanfpapier erspart das Fällen von zwölf ausgewachsenen Bäumen: und ein einziger Hektar Hanf bringt auf Dauer die mindestens 4-fache Menge Papier wie ein gleich großer Wald.

Sei sanft mit Deiner Wut

Elfenhellfer Nr. 26
Titel der Originalausgabe: Anger Therapy

Übersetzt von Sylvester Lohninger
Gedruckt in Österreich und Deutschland

1. Auflage 2006
ISBN 978 3-85466-028-6

Ein Elfenhellfer Selbsthilfebuch

Sei sanft mit Deiner Wut

Verfasst von
Karen Katafiasz
und
Lisa O. Engelhardt
Illustriert von
R.W. Alley

Edition LebensTraum
im Sequoyah Verlag

Vorwort

Ärger und Wut sind schmerzvolle, mächtige und komplexe Emotionen. Wenn sie Deinen Geist überwältigen, möchtest Du sie als Erstes einfach wegschieben oder hinunterschlucken, während Du versuchst, sie zu ignorieren oder zu vergessen.

Oder Du suchst vielleicht eine schnelle und leichte Befreiung davon, ganz egal wie ungerichtet und unklar Deine Gefühle sind, wie unpassend die Situation ist oder wie wenig das Ziel Deiner Wut diese verdient, solange du nur das schreckliche Gefühl in Dir entladen kannst.

Dich jedoch nicht mit Deinen Gefühlen effektiv zu befassen, wird nur ihr Potenzial, sich destruktiv auszuwirken, verstärken.

Mit überzeugenden und schlüssigen Richtlinien führt Dich *„Sei sanft mit Deiner Wut“* durch folgende Schritte: das Anerkennen Deines Ärgers, die Identifizierung seiner Ursache, das Herausfinden und Bestimmen, was zu tun ist, das Zum-Ausdruck-

Bringen Deiner Gefühle und das Angehen notwendigen Handelns.

Dieser *Elfenhellfer* lädt Dich dazu ein, Deine Wut zu benutzen, um über Dich selbst zu lernen und den Ärger in eine Energie für positive Veränderungen zu verwandeln.

Es muss nicht sein, dass Wut dazu führt, dass Du Dich hilflos fühlst, besiegt und lahmgelegt. Du kannst, wie es *„Sei sanft mit Deiner Wut“* nahelegt, „...Deine Wut lieben. Denn sie hat mitgeholfen, die Schönheit Deiner Seele herauszumeisseln und ihr Gestalt zu geben.“

1.

Wut ist ein Geschenk Gottes, ein Teil dessen, was die Essenz Deiner Menschlichkeit ausmacht, ein nötiges Reagieren, um zu überleben und um körperlich und emotional zu gedeihen. Gebrauche Deine Wut, Dein essenzielles Wesen zu schützen und instand zu halten.

GROSSE SÄGEN
BEGRENZTER VORRAT !
SÄGEN
GROSSE + KLEINE
ABVERKAUF
KLEINE SÄGEN
SORTIERTE NÄGEL

2.

Ärger ist ein Signal - dass Deine Rechte verletzt worden sind, dass Deine Bedürfnisse nicht erfüllt werden, dass Du zu große Zugeständnisse machst, dass eine Ungerechtigkeit begangen wurde. Lasse Ärger und Wut Katalysator dafür sein, mehr über Dich selbst zu lernen und Veränderungen zum Besseren herbeizuführen.

BEGRENZTER
VORRAT!

3.

Du kannst den Schmerz der Wut mit fünf Schritten in Energie für Veränderung umwandeln: Anerkenne Deine Wut, identifiziere ihre Ursache, finde heraus, was Du tun kannst, drücke Deine Gefühle auf verständliche Weise aus und, falls nötig, unternimm etwas.

WHILE THEY LAST !

4.

Du hast Dir vielleicht angelernt, Deinem Ärger auszuweichen, ihn zu verleugnen oder zu unterdrücken, weil störende, beunruhigende Emotionen damit einhergehen können. Du fühlst Dich „schlecht", kindisch, unsicher, machtlos; Du glaubst, dass man Dich nicht mehr mögen und ablehnen wird; du befürchtest, die Kontrolle über Dich zu verlieren. Akzeptiere Deine Wut als emotionale Tatsache - und als ein Werkzeug, das Du zum Zwecke persönlicher Veränderung einsetzen kannst.

KLATSCH
MAGAZIN
PIZZA
KONFEKT

5.

Wut, die Du nach innen verdrängst, kann sich in Körperzellen und Geweben, in Organen und Körper-Systemen breitmachen - und verursacht dann Kopfschmerzen, Muskelverspannungen, Verdauungsbeschwerden, Bluthochdruck, Schlaflosigkeit und andere körperliche Probleme. Sei gut zu Deinem Körper, indem Du Deinen Ärger anerkennst und mit ihm entsprechend umgehst.

ARZT-
DIPLOM

6.

Wut und Ärger können in unterschiedlichen Verkleidungen auftreten oder unerkannte Facetten anderer Emotionen sein wie Depression, Trauer und Kummer, Reizbarkeit, Angst, Hass, Schuldgefühl, Beschämtsein, Zurückgezogenheit oder Groll. Und manchmal können sich gerade diese Emotionen in Form von Wut zeigen. Nimm Dir die Zeit, Deiner Gemütslage und Gefühlsstimmung nachzuspüren, um irgendwelchen eventuell darin verborgenen Ärger zu entdecken.

QUASSEL-WELT
RIESEN AUS-VER-KAUF
EIS CREME
PIZZA

7.

Identifiziere den Auslöser für Deinen Ärger; suche Dir darüber klar zu werden, was geschieht. Werden Rechte und Grenzen - Deine oder die anderer - verletzt? Fühlst Du Dich gedrängt, zu große Zugeständnisse zu machen oder verlierst Du Dich in gewisser Weise selbst? Werden Deine Bedürfnisse, Deine Träume, Deine Talente ignoriert?

MV

8.

Im Prozess des Herausfindens der Ursachen für Deinen Ärger ermittelst und entscheidest Du selbst, was für Dich akzeptabel ist und was nicht. Das ist lebenswichtige Selbsterkenntnis. Benutze sie, um Deine Entscheidungen zu lenken und Deinem Leben Gestalt zu geben.

9.

Werde Dir klar darüber, wie Du die Situation, die Deinen Ärger auslöst, ändern kannst. Manchmal gibt es bestimmte Schritte, die Du machen kannst. Manchmal kannst Du Dich von bestimmten Beziehungsmustern, die Ärger erzeugen, entfernen. Manchmal ist alles, was Du tun kannst, Deine eigene Einstellung zu ändern. Aber Du kannst immer etwas tun.

10.

Richte Dich auf das aus, was Du tun kannst, das Deinen Ärger verringern wird. Es mag scheinen, dass andere das Problem sind: Wenn nur sie sich ändern würden....., aber Du kannst andere nicht ändern. Die Menschen sind nicht verantwortlich für Deinen Ärger, nur für ihre Handlungen. Niemand anderer kann Dich wütend „machen", und niemand anderer kann Deine Wut fortnehmen.

ELFENTHAL TAXI

11.

Wie ein Laserstrahl kann Wut eine mächtige Kraft der Zerstörung oder eine ebensolche Kraft für Heilung sein, abhängig davon, wie mit ihr umgegangen wird. Falsch gehandhabte, missbräuchlich eingesetzte Wut kann mit scharfen Worten, erregten Explosionen und rauchendem Groll Beziehungen zerstören. Nützlich und wirkungsvoll gebraucht kann Wut wie eine chirurgische Operation durch emotionalen Abfall hindurchschneiden und es ermöglichen, dass eine heilsame Veränderung eintritt.

BOSS
BODO'S
BAU-
TRUPP
gesmbh
BODO

12.

Wenn Du wütend bist, dann reagiert Dein Körper mit verstärktem Pulsschlag, beschleunigtem und erhöhtem Blutdruck, Muskel spannen sich an und Adrenalin wird freigesetzt. Versuche nicht, mit ungezügeltem Schimpfen und hemmungslosem Wettern und Lärmen Deinen Zorn loszuwerden. Im Gegensatz zu einem weit verbreitetem Irrglauben wird es das Toben Deiner Wut und die damit einhergehenden körperlichen Reaktionen nur intensivieren. Um Deinen Ärger zu beruhigen, musst Du einen Weg finden, effektiv zu handeln.

BOSS
VERANDA
ENTWURF

13.

Wenn Du schon spürst, dass Du im Zorn explodieren wirst, dann kanalisiere Deine physischen Reaktionen in harmlose körperliche Aktivitäten. Atme tief durch, laufe ein, zwei Kilometer, schwinge einen Tennisschläger. Später dann kehre zu Deinem Ärger zurück und gehe friedvoll und produktiv damit um.

14.

Deinem Ärger in kontrollierter Weise im Beisein eines teilnahmsvollen Zuhörers Luft zu machen, kann eine zeitweilige Erleichterung bringen. Aber dieses Sich-Luft-Machen alleine würde die zugrundeliegenden Probleme, die Deinen Ärger hervorriefen, nicht lösen. Erforsche und untersuche diese Probleme und kümmere Dich um sie.

15.

Wenn Du auf andere wütend bist, sage ihnen direkt, was Dich stört und weshalb. Beschäme nicht, gib keine Schuld, attackiere nicht, mache nicht lächerlich, belehre nicht und interpretiere und analysiere ihr Verhalten nicht. Verwende „Ich"-Aussagen. Sei spezifisch und genau in Deinen Anliegen.

16.

Wenn Du anderen gegenüber Deinen Ärger zum Ausdruck bringst, brauchst Du sie nicht zu überzeugen, dass Deine Position richtig ist. Höre ihrem Blickwinkel und ihrer Sichtweise mit Einfühlungsvermögen zu. Gestehe ihnen zu, sich ebenfalls wütend zu fühlen (ohne Dir selbst für ihre Wut die Schuld zu geben). Und dann versucht gemeinsam zu einer kreativen Lösung zu gelangen, die Euer beider Bedürfnisse zufriedenstellt.

17.

Deinem Ärger Ausdruck zu verleihen, mag Dir schwerfallen, wenn Dir beigebracht worden ist, Konflikte zu übertünchen und abzumildern oder Dich den Gefühlen anderer hintanzustellen. Erkenne es, wenn diese alten Beeinflussungen Dich Deinen Ärger hinunterschlucken lassen. Andere auf Deine Kosten zufriedenzustellen ist nicht unbedingt gütig und friedvoll. Es ist Gewalt gegen Deine eigene Psyche.

18.

Es wird Zeiten geben, zu welchen es äußerst schwer und schmerzhaft sein wird, Deine Wut auszudrücken. Mag sein, dass das Ergebnis davon unsicher wäre; es kann sein, dass Du eine große Veränderung in Deiner Beziehung riskieren würdest. Aber gerade so, wie Gott Dir die Ausdrucksmöglichkeit von Wut gibt, um Dich zu schützen, so verleiht Gott auch den Mut für Handlungen, welche Dein Ärger erforderlich macht. Dein Mut liegt in Dir; bitte Gott darum, Dir zu helfen, ihn zu finden.

19.

Zusammen mit dem Zum-Ausdruck-Bringen Deiner Gefühle bedarf es vielleicht weiteren Handelns, um Gründe für Deine Wut zu eliminieren. Erkunde und beschließe, was Du tun kannst: Entscheiden, was für Dich vorrangig ist, Dein Verhalten in einer Beziehung verändern, über unerfüllte Bedürfnisse sprechen, die nicht ausreichend berührt werden......
Dann tue es.

20.

Eine Problem-Situation zu ändern benötigt gewöhnlich mehr als eine einmalige Konfrontation miteinander und auch mehr als eine Gelegenheit geänderten Verhaltens von Deiner Seite. Bleibe beharrlich.

21.

In der Hitze der Wut setze keine Handlungen und mache keine ernsthaften Kommunikationsversuche. In diesem Moment ist es vielleicht Dein stärkstes Verlangen, Vergeltung zu üben und andere zu verletzen, so wie Du verletzt worden bist. Und Deine Kommunikaton wird höchstwahrscheinlich ineffektiv sein und folglich zurückgewiesen werden, was wiederum Dein Empfinden, Unrecht zu erleiden, verstärken wird. Vergiss nicht, dass die Wut selbst eine Reaktion ist - daher sollte sie auch keine Aktion sein, also nicht gleich in Handeln übergehen.

22.

Die Wut ist manchmal so intensiv, weil sie genauso sehr - oder sogar noch stärker - mit vergangenen Situationen zu tun haben kann wie mit der gegenwärtigen. Wenn Deine Wut dem augenblicklichen Auslöser gegenüber überproportional groß ist oder wenn sie nie so recht wegzugehen scheint, dann schau einmal „nach hinten". Du hast möglicherweise einige Schichten unterdrückter, verleugneter, ignorierter Wut angesammelt.

23.

Frage Dich, ob Dich die Art, wie Du Dich jetzt fühlst, daran erinnert, wie Du Dich früher einmal gefühlt hast. Rufe Dir die Umstände in Erinnerung, die Deine vergangene Wut begleitet haben. Wut kann eine offene Tür in die Vergangenheit sein, durch welche Du eintreten und alten, unaufgelösten, konfliktgeladenen Problembereichen Heilung bringen kannst.

24.

Als Kind warst Du vermutlich nicht in der Lage, mit Deiner Wut umzugehen, oder es war Dir schon gar nicht erlaubt, sie auszudrücken. Wenn Du aber beschimpft, beleidigt und schlecht behandelt wurdest oder Deine Grenzen sonstwie verletzt wurden, wenn es Dir dann nicht erlaubt war, Dein einzigartiges Selbst ganz und gar zu sein und es zum Ausdruck zu bringen, dann wurde Dein Geist gebrochen. Die Wut, die Du gefühlt hast, war eine gesunde Reaktion und Antwort darauf. Erlaube es dem inneren Kind in Dir, sich jetzt Deiner Wut zu erinnern und sie noch einmal zu erfahren.

25.

Wenn Du in der Kindheit für Deine Wut beschämt oder abgelehnt worden bist, dann werden vielleicht jene Gefühle eng mit Deiner jetzigen Wut verflochten sein. Denke eingehend über jene vergangenen Momente nach. Mache Dich ganz frei von jener Beschämung und ersetze sie durch eine Bekräftigung Deines Wertes und Deines grundlegenden Gutseins. Gib Dir das Versprechen, dass Du das verletzte und gekränkte Kind in Dir niemals aufgeben, niemals im Stich lassen wirst.

26.

Du kannst die Vergangenheit nicht ändern und Du kannst jene, die Dich beschimpft und beleidigt und schlecht behandelt haben, nicht ändern noch sie dazu bringen, dass es ihnen leid tut, wenn sie es selbst nicht wählen. Mache die Kraft geltend, die Du tatsächlich hast. Du kannst beschließen, ihnen jetzt Deine Wut darüber zum Ausdruck zu bringen. Wenn Dich dies aber in eine verletzliche und schmerzhafte Situation bringen würde, kannst Du Dich auch entscheiden, es nicht zu tun.

FÜR PAPA,
In Liebe
Ella

27.

Als Erwachsener hast Du die Wahl, jene, die Dich in der Kindheit verletzt und schlecht behandelt haben, als mit Fehlern behaftet, unbewusst, ohne Gewahrsein und selbst verwundet zu betrachten. Du bist nicht länger von ihnen abhängig, um zu überleben; Du bist nicht mehr so verletzlich und empfänglich für ihre Ablehnung. Lasse sie sein, lasse sie los. Und lasse Deine Wut los.

28.

Wenn Deine Wut tief verwurzelt ist, dann kann es sein, dass Du einer professionellen Anleitung bedarfst, um damit zurechtzukommen. Ein psychologischer Berater kann Dir helfen, Schichten ungelöster Wut und Beschämung zu entfernen und Dich zu einem klareren Gefühl Deiner selbst als kostbar und liebenswert zu führen.

THERAPIE
DIPLOM
DOCTOR
OF
THERAPY

29.

Wenn Du Dich erst einmal mit Deiner Wut befasst, kannst Du Deine Aufmerksamkeit dem Vergeben zuwenden. Wenn Du an Deinem Groll festhältst, frierst Du Dich in einer Opferrolle ein, und dabei frierst Du gleichzeitig einiges von Deiner emotionalen Energie ein. Lasse die Wärme Deines Verstehens und das Gewahrsein Deines Wertes Deine Emotionen auftauen.

30.

Höre dem Ärger anderer ohne zu urteilen und ohne Angst zu – auch dem Ärger von Kindern. Achte ihr Wütendsein und lasse es gültig sein, ob Du nun ihren Problemen und Sichtweisen zustimmst oder nicht. Ihre Wut gehört zu ihnen und braucht Dich nicht zu bedrohen.

31.

Du bist nicht verantwortlich für die Wut anderer, nur für Deine eigenen Handlungen. Wenn Du unabsichtlich oder unachtsam jemanden verletzt oder jemandem Unrecht getan hast, entschuldige Dich und tu Deinen Teil, um die Dinge wieder zu richten. Hast Du jemanden absichtlich verletzt, dann forsche auch nach dem Ursprung Deiner eigenen Wut.

32.

Die negativen Züge in anderen, die uns ärgern, sind oft jene, die wir in uns selbst ablehnen. Bringe Deine Schattenseite - die Impulse und Schwächen, welche Du vor Dir und anderen versteckst - ins Licht der Selbst-Wahrheit.

SCHLAPP-
HÜTE
AUSVERKAUF
DER LETZTE

33.

Lasse Dich von Deiner Verärgerung zu sozialem wie persönlichem Wandel anleiten. Verteidige die Umschuldigen, beschütze die Schwachen, helfe den Hilflosen. Sei Fürsprecher, gib bei Wahlen Deine Stimme, kümmere Dich um andere, betätige Dich als Freiwilliger, sei anderen dienlich. Verwandle Deine Wut über Ungerechtigkeit in Energie zur Verwandlung der Welt.

WÄHLEN
HIER EIN-SCHREIBEN
AUSWAHL-STIMMZETTEL
ABSTIMM-STELLE
UMFRAGE FORMULAR

34.

Menschliche Emotionen sind ein untereinander wechselseitig verbundenes Gewebe von überagender Schönheit und Kraft. Wenn Du eine Emotion unterdrückst, wie Wut etwa, dann schädigst Du Dein gesamtes emotionales Wohlbefinden.
Befreie und löse Deine Wut, lasse sie los, und Du wirst unbändige Leidenschaft, Energie und Freude freisetzen.

35.

Die Wut, die Du umarmt hast, hat tiefen Canyons von Demut, Mitgefühl, Mut und Stärke in Dir den Weg gebahnt. Liebe Deine Wut, teile die Gaben, die sie Dir vermacht hat. Sie hat geholfen, die Schönheit Deiner Seele herauszumeisseln.

36.

Du kannst Deine Wut lieben, ohne Deine Wut auszuleben. Wenn Du Dich wütend fühlst - wie es Dir viele Male in Deinem Leben geschehen wird - lies die entsprechenden Schritte in diesem Buch nach. Dann verwende Deine Wut, um mehr Du selbst zu werden, um mehr in Frieden und lebendiger zu sein.

Die Geschichte der Elfenhellfer-"Elfen"

Die einnehmenden „Zwelfen"-Gestalten, welche die „Elfenhellfer"-Publikationen des *Sequoyah-Verlages* bevöl-kern, erschienen erstmals 1987 auf den Seiten eines klei-nen Selbsthilfe-Buches von *One Caring Place,* St.Meinrad, Indiana, das sich „Sei-gut-zu-Dir-Therapie" nannte.

Vom Mitarbeiterstab „geschaut" und entworfen und aus einem auf Deutsch nicht gänzlich wiederholbaren Wortspiel zwischen Elf-Help (Elfen-Hilfe) und Self-Help (Selbst-Hilfe) aufgetaucht, haben die „Zwelfen" in den einfallsreichen Illustrationen von R.W.Alley ihre endgültige Gestalt erlangt und lebten erstmals die sanften Ratschläge der Autorin Cherry Heartman (und weiterer Verfasser) mit Charme, Treffsicherheit und Humor vor. So haben die „Elfenhellfer" begonnen, uns mit erhellenden EinSichten und AusSichten zu „hellfen", das Leben lichter und unmittelbarer zu sehen. Unter der Devise „Heller statt schneller" geben sie uns „LebensMittel" an die Hand und ans Herz, die sich als wahrhaft nahrhaft für das Gedeihen unseres eigentlichen Wesens und als recht wesentlich für unser DaSein erweisen.

Sie bereichern uns mit „Gehfühlen" und „Gehdanken" die unseren seelischen Himmel aufklären können und die mit der warmen Weisheit und dem leuchtenden Ge-Wahrsein unserer Herzen in wohltuende Resonanz treten.

Der Widerhall bei den Lesern war so enthusiastisch, daß bald schon mehr Elfenhellfer-Selbsthilfebücher auf dem Weg waren; eine immer noch wachsende Reihe, die auch eine Anzahl verwandter „Gehschenk-, Gehspür- und Gehdenk"-Artikel inspirierte.

Dem überaus liebenswerten Charakter der ersten Bücher, der mit Vergnügen seine „Zwelfen"-Mütze trägt, die von einer lebhaften, alle Stimmungsänderungen mitmachenden Kerze gekrönt ist, hat sich inzwischen ein beherztes weibliches Elfenwesen mit Blumen im Haar angeschlossen.

Diese zwei überschwenglichen, feinfühligen, findigen, warmherzigen und liebenswerten Geister - zusammen mit ihrer lebhaften „Zwelfen"-Gemeinschaft - berühren und enthüllen uns, was wirklich wichtig ist, indem sie Bot- schaften von Freude und Ver-Wunderung, von spielerischer Munterkeit und von Mitschöpfung, von Ganzheit und heiterer Gelassenheit vermitteln, Botschaften vom Wunder des Lebens und vom Mysterium der Göttlichen Liebe.

Wir kommen dabei „auf manchen dieser Seiten des Lebens" ohne viel Aufhebens, aber spürbar mit dem Allguten, durch das alles, was ist, ist, in Berührung. In personaler oder alles Personale übersteigender Weise können wir erfahren, daß Er-Sie-Es uns alle samt und sonders in sich birgt. Wie es denn - alles abrundend - in dem Elfenhellfer *„Ein einfacheres Leben"* ohne Umschweife heißt: „Wisse, daß Dein wahres Zuhause in der heiligen Gegenwart liegt. So einfach ist es."

Mit verschmitzter Stimmigkeit, vergnüglicher Weisheit und großer Herzenswärme demonstrieren die kleinen Zwelfen-Geschöpfe mit den etwas längeren Nasen den Elfenhellfer-Weg zu einem reichen und erfüllenden Leben.

Elfenhellfer.....und das Leben lächelt Dir zu!

Sei gut zu Dir (ISBN 3-8546 6- 000-6)

Der originale Bestseller, der die populäre Elfenhellfer-Bewegung ursprünglich ausgelöst hat! Für alle jene, die sich an der Wahrheit ihrer eigenen Liebens-Würdigkeit zu erfreuen wünschen. Die Autorin und Sozialarbeiterin Cherry Heartman wirft einen wohlgemuten Blick in die positive Macht echter Selbst-Liebe und gibt 37 weise und bezaubernd illustrierte „Hellfer", wie man mit dem Alltag zurechkommen und dabei ehrlich, ganz und liebevoll leben kann.

Dein inneres Kind Erinnern (001-4)

Machst Du Dir ständig Sorgen über die Vergangenheit oder hast Du Angst vor der Zukunft? Dein inneres Kind zu erInnern und immer nur einen Tag auf einmal zu nehmen hilft Dir, Dich nur auf einen einzigen Tag auszurichten - den heutigen Tag. So erweckst Du Deine Zuversicht als ein begabtes Kind Gottes - glücklich, geliebt und schöpferischer Lenker Deines eigenen Lebens.

Ein einfacheres Leben (002-2)

Das Leben ist eine komplizierte Angelegenheit. Zuviel zu tun, zuwenig Zeit. „Ein einfacheres Leben" bietet einen Weg mitten durch die komplexe komplizierte Verwickeltheit in unserem Leben und lädt uns ein, dieses unser Leben auf seine Essenz zurückzuführen und dabei seine einfacheren Geschenke, Freuden und Vergnügen widerzuentdecken.

Bleib guten Mutes (003-0)

Für alle jene von uns, die sich alltäglichem Ungemach und Rückschlägen gegenübersehen. Dieser Elfenhellfer bietet wundervoll illustrierte Reflexionen, die „hellfen“, den Geist aufzurichten und stark zu machen. Sie unterstützen Dich dabei, eine Haltung der Hoffnung wachsen zu lassen und diese zu einer heilsamen Gewohnheit zu machen.

Lasse Dir Zeit (004-9)

Dieser Selbsthilfe-Führer für hastige, hastende Leute enthält 35 konkrete und handfeste Ideen, die Dir hellfen mögen, etwas wiederzugewinnen, was Du bereits besitzt: Zeit, genügend Zeit. Du wirst Deinen eigenen Weg zu einem friedvolleren, entspannteren Gebrauch von Zeit finden, selbst in den allergeschäftigsten Situationen.

Loslassen im Annehmen (005-7)

Für jene, denen es schwerfällt loszulassen, sowie für jene, die damit ringen, sich mit der „Gebrochenheit“ des Lebens auszusöhnen, liegt hier ein köstlicher, inspirierender und befreiender Führer zu spiritueller Wegfindung, seelischem Wohlbefinden und heiterer Gelassenheit vor. Eine Reise in Richtung einer lebensbejahenden, heilsamen Sichtweise, die spürbar an das Wesen von Wieder-ganz-werden und echtem Wohlergehen rührt.

Elfenhellfer......Geschenke für ein lichtes Leben!

Sei gut zu Deiner Ehe (ISBN 3-85466-007-3)

Dieser „Elfenhellfer" für verheiratete Paare ist ein warmherziger Führer für jene, die grundlegende Regeln von Liebe und Romantik kennen, aber einer gelegentlichen Ermutigung bedürfen, um das Knistern und die Freude ihres gemeinsamen Lebens wieder anzufachen. Ratschläge, die Hand und Fuß haben und praktisch erprobt wurden von Paaren, die sie als wahr und wirksam erfahren haben.

Sei gut zu Deinem Körper (006-5)

Während wir auf Pfaden persönlichen Wachstums und Wegen der Transformation unterwegs sind, übersehen wir oft eine lebenswichtige Komponente, die uns auf dieser Reise begleitet - unsere Körper. Und wie wir uns in unserem Körper fühlen, hat seinen Einfluß auf unser ganzes Da-Sein. Dieser „Elfenhellfer" ist eine wahre Quelle gesunder, stimmiger Körper-Weisheit, eine ganzheitliche Herangehensweise an Fitness als den äußeren Ausdruck innerer Freude.

Spiele Dich frei (010-3)

Mit fröhlichen Illustrationen und ermutigenden Hinweisen erinnert uns der Autor, daß es „in Ordnung ist zu spielen und glücklich zu sein". Gott spielte uranfänglich mit grenzenlosen Möglichkeiten - einschließlich Dir - und es war gut.

Alles Gute zum *Wieder* GeburtsTag

Hier findest Du eine wunderbare Einladung zu einer sinnvollen Feier dieses besonderen Tages, an dem der Autor des Lebens einen jeden von uns - wieder - in die Geschichte einschrieb. Mit Tiefe und Gefühl, aber jenseits von Klischees und Sentimentalität, erforscht „Alles Gute zum Wieder-Geburtstag" die vielen Dimensionen von Geburtstagen - wie Dingen ins Auge zu blicken, die man bereut, über die Würdigung der Gegenwart bis hin zum offenen Willkommenheißen der Zukunft. Diese unnachahmliche „Elfenhellfer-Mischung" aus Zwelfen-Charme und lebendiger Resonanz macht diesen gehaltvollen „Geburtstagsgruß" zu einem idealen Geschenk. (009-X)

Feiere Dein Frau-Sein (008-1)

Feiere die einzigartige Erfahrung und die vielfältigen Gaben, die darin liegen, eine Frau zu sein. Dieses zauberhaft illustrierte Büchlein schäumt über mit einer bejahenden und ermächtigenden Botschaft für Frauen jeden Alters und in jedweder Lebenssituation.

Vertraue Deiner Trauer (011-1)

Der Tod eines geliebten Menschen hat eine machtvolle und bedeutende Auswirkung auf unser Leben. Dieses Büchlein bestärkt jene, die trauern, daß ihr Schmerz zu einer tiefgreifend verwandelnden Heilung werden kann.

Elfenhellfer.....und das Leben lächelt Dir zu!

Aus ganzer Seele leben (ISBN 3-85466-015-4)

das Leben ist ein unglaubliches Geschenk. Alltagsroutine und alle Arten von Schwierigkeiten können dazu führen, daß wir unser umfassendes Gewahrsein und unsere segensvolle Mitte verlieren. »Aus ganzer Seele leben« ist ein einziger erfrischender Weckruf, leidenschaftlich und absichtsvoll und wach zu leben.

Beflügelt Lehrer sein (013-8)

Lehren kann eine zähe und anstrengende Sache sein; es stellt große Anforderungen und ist sicher mehr eine Berufung als ein Beruf. Die weisen, inspirierenden Worte und eindrücklichen Illustrationen dieses »Elefenhellfers« können den Enthusiasmus eines jeden, der lehrt, wieder erneuern.

Sei gut zu Deiner Familie (014-6)

Es kann heutzutage schon hart sein, eine Familie zu sein. Kultureller und finanzieller Druck, wettstreitende Anforderungen, sich verschiebende Werte machen ein Familienleben zu einer größeren Herausforderung als es das je war. Feiere trotzdem die Freuden und Wunder, den Segen und die Einzigartigkeit Deiner Familie mit »Sei gut zu Deiner Familie«.

Freundschaft entfalten (016-2)

Mit herzerfrischenden Illustrationen und tiefgehenden Gedanken ermöglicht Dir dieser »Elfenhellfer« voller zu verstehen, was es bedeutet, Freund zu sein - mit all seinen Freuden und Herausforderungen. Wahrhaftig und ermutigend ist »Freundschaft entfalten« ein herausragendes Geschenk für Dich selbst wie jemanden, der Dir am Herzen liegt.

Neues Baby - Neues Leben (012-x)

Herzliche Gratulation zu Eurem neuen kleinen Bündel voller Segnungen! Kein Zweifel, Ihr seid überwältigt von Freude - und sehr wahrscheinlich auch von Erschöpfung! Dieses bezaubernd illustrierte Büchlein wird Euch hellfen, aus dieser besonderen Zeit das Beste zu machen - und auch mit dem Schwierigsten dabei zurechtzukommen.

Dem Stress heilsam begegnen (017-0)

Mit kurzen, gesunden Ratschlägen und Zeichnungen, die das Herz leicht machen, schenkt dieses kleine einzigartige Buch praktische, effektive und einsichtsvolle Anleitung, wie wir Stress erkennen und lebensförderlich handhaben können; wie wir in Kontakt bleiben können mit unseren wahren inneren Werten und dabei eine seelische Heiterkeit erlangen, die uns noch in Zeiten ärgsten Stresses dienlich ist.

Elfenhellfer.......Geschenke für ein lichtes Leben!

Erfüllende Arbeit

(ISBN 3-85466-019-7)

Hier geht es um die Bedeutung und den Wert der Arbeit im weitestmöglichen und lebensfördernden Kontext. Praktische Weisheit in reicher Fülle für alle Gebiete von Mit-Schöpfung und Zusammenarbeit bis zu gesundem Umgang mit Stress. Diese „Arbeitstherapie" kann gute Arbeit für Dich leisten!

Elfenhellfer für voll beschäftigte Mütter

(018- 9)

Aus diesem wunderbaren Handbuch und Geschenkbuch für alle Mütter: „Widerstehe dem Drang, Dich mit anderen Müttern zu vergleichen. Gott ließ Dir diese Familie zuteil werden (und schenkte Dich ihnen) aus einem besonderen Grund. Du hast alles, was Du brauchst, um eine liebende, sorgende Mutter zu sein." 38 einsichtsvolle „Hinweise, wie es sich gut Mutter sein läßt!"

Sich im Garten wieder finden

(020-0)

Ein Elfenhellfer so frisch wie der Frühling, der die viele Weisen betrachtet, wie Gärtnern Licht und Leben in unsere persönlichen Welten bringt. Im Sinne des chinesischen Sprichwortes „Ein Buch ist wie ein Garten, den man in der Tasche trägt", ist es ein sanfter „Einsteck"-Therapeut für die Hosentasche. „Gärten lehren, Gärten erquicken, Gärten lassen uns wachsen. Kümmere Dich um Deinen Garten, und die ganze Welt verwandelt sich.......und strahlt!"

Wieder gesund werden (021-9)

Kann Dein Führer sein, um Krankheit mit Deinem ganzen Sein gegenüberzutreten. Seine besänftigenden Worte und „ein-leuchtenden" Illustrationen werden Dich während des ganzen Verlaufs Deiner Genesung ermutigen und inspirieren, durch Unsicherheit und Angst, Verlust und Wandel hindurch.
Eine Hilfe für Dich, in Heiterkeit und Frieden anzukommen - und einem alle medizinischen Vokabel transzendierenden Wohlbefinden.

Dankbar sein (022-7)

Zu bestimmten Zeiten - beim Zusammenkommen mit seinen liebsten Menschen , beim glatten Segeln in Arbeit und Beziehungen, bei Ehrfurcht erweckenden Erlebnissen in der Natur - entsteht Dankbarkeit ganz leicht. In Zeiten von Schmerzen und Krankheit aber ist es beinahe undenkbar. In diesem kleinen Band wirst Du entdecken, wie und warum dankbar sein so gut , so passend und so wohltuend ist - und zwar immer.

Den Frieden leben (023-5)

Wir sehnen uns nach Frieden in vielen Formen: Nach innerem Frieden, Frieden in Beziehungen, Frieden in unserer Nachbarschaft........ Dieser Elfenhellfer legt uns nahe, daß aller Frieden in unserem Herzen beginnen muß. Und er teilt mit uns die Weisheit, wie man den Frieden im Innern nähren und gegenüber der Welt einen friedvollen Standpunkt einnehmen kann.

Elfenhellfer.........beleben....bestärken....beflügeln!

Erlaube Dir zu vergeben (024-3)

Geh darüber hinaus, ein Opfer der Handlungen anderer zu sein und entdecke die Freiheit, die Dein Eigen ist, indem Du Dich für heilsame Vergebung entscheidest. Die 35 befreienden Lektionen dieser "Vergebungs-Therapie" können Dir hellfen, wieder dort zu sein, wo Du - aufs Neue - Dein Leben selbst in der Hand hast, indem Du, statt in Verbitterung zu gehen, die heilende Wahl des Wohlbefindens triffst.

Nimm Dein Leben in die Hand (025-1)

Hast Du manchmal das Gefühl, daß Dein Leben außer Kontrolle kippt? Scheinen andere Leute und Umstände Dein Leben zu bestimmen? Frägst Du Dich nach dem besonderen Sinn und Zweck Deines Lebens? Wenn ja, dann kann Dir dieses "Handbuch" hellfen, Dein Leben wieder auf Kurs zu bringen. Eine einzigartige, vergnügliche und ansteckende Anleitung, das Leben zu lieben und zu leben.

Stille Deine Sorgen (26-X))

Bist Du oft beunruhigt und besorgt, ganz voller Sorgen und Befürchtungen? Keine Sorge! Dieser kleine "Hellfer" kann Dir genau jene Entlastung und Erleichterung bringen, die Du brauchst. Er bietet praktische Hinweise, wie Du Dein Leben "sorgenfest" und "sorgendicht" machen kannst, und weist den Weg zu einem spirituellen "Sich-Ergeben", das zu wahrer Gelassenheit führt.

Sei liebevoll zu Dir (027-8)

Wir haben zahllose "Du sollst" in unseren Köpfen, aber den meisten von uns fehlt es an genügend sanften nährenden Botschaften für sich selbst. Zu oft kümmern wir uns um andere Menschen, weil wir hoffen, dass sie sich ihrerseits um uns kümmern werden. Aber das funktioniert selten in dieser Weise. Wir müssen selbst für uns Sorge tragen und unseren Gefühlen Beachtung schenken. Wir müssen lernen darauf zu achten, uns selbst mit Liebe und Güte zu behandeln.

Sei sanft mit Deiner Wut (028-6)

Wut kann eine schmerzhafte und machtvolle Emotion sein, die mit sich bringt, dass man sich hilflos und überwältigt fühlt. Hier gibt es in klarer und unwiderstehlicher Sprache einen Wegweiser zum effektiven Umgang mit Wut. "Sei sanft mit Deiner Wut" zeigt, wie Du Deine Wut loslassen, abschließen und auflösen kannst. Du erzeugst eine positive Verwandlung ihrer Energie und lernst dabei viel über Dich selbst.

Elfenhellfer für Teenager-Eltern (029-4)

Irgendwann um die Zeit, wenn Dein Kind dreizehn wird, bemerkst Du, daß die Person, die Du von klein auf aufgezogen hast, plötzlich ein Fremder ist - ein TEEN-Ager.
Dies ist ein Mini-Handbuch, das Dir Geschick und Strategien vermittelt, wie Du durch diese schwierige Passage navigieren und sie - mit Genuß und Freude - überleben kannst.

Elfenhellfer.....und das Leben lächelt Dir zu!

Sich selbst wertschätzen (030-8)

Selbstwert ist mehr als ein Gefühl der Selbstsicherheit und reicht ins Herz der eigenen Identität. Sie bekräftigt, dass Du - gerade so wie Du bist - angenommen und liebenswert bist. Ohne entsprechende Selbstwertschätzung empfindet man ein schmerzhaftes Gefühl des Nicht-in-Ordnung-seins und innerer Leerheit. Dieser Elfenhellfer-Band zeigt auf, wie die Macht, dein verwundetes Selbstwertgefühl zu heilen, in Dir selbst ruht.

Älter werden, weiser werden (031-6)

Wir werden alle älter. Wir können diese Situation als mit Gefahren und Verfall befrachtet sehen, oder voller Versprechen und Möglicheiten. In diesem Büchlein hellfen die Zwelfen, die Bedeutung und die Mission der älteren Jahre zu entdecken - Lektionen von Stärke, von Langlebigkeit und reichen Früchten. Nicht vergessen: Man ist nur einmal alt!

Aus Depression auferstehn (032-4)

Wir haben als Kinder gelernt , unsere Schuhe zu binden und Rad zu fahren, aber die Knifflichkeiten und Komplikationen im Umgang mit Emotionen wurden uns nicht gelehrt - insbesondere bei Hoffnungslosigkeit und Traurigkeit. Dieser Elfenhellfer unterstützt Dich, mit einem Blick ins eigene Herz und in die eigene Seele - wie auch bei anderen - Hilfe zu finden.

Die Musik in Deinem Leben (033-2)

"Wenn Musik Nahrung für die Liebe ist, spiele weiter" schrieb William Shakespeare. Und Musik mit Nahrung und Liebe zu verbinden ist ein weiteres Beispiel für das Genie des Barden. Musik hat schließlich - wie Nahrung - das Vermögen, unseren Hunger zu stillen wie unserer Freude und Sehnsucht sowie Bedauern und Trauern und schierem Vergnügen Ausdruck zu verleihen. Und wie die Liebe kann Musik unsere Herzen berühren und uns Menschen und Orte und Ereignisse bewusst werden lassen, die sich unserem Leben mit süßen wie traurigen Melodien eingeprägt haben.

Feine Eltern sein (ISBN 3-85466-034-0)

Die meisten von uns wissen nicht, worauf sie sich einlassen, wenn sie Eltern werden. Sowohl die Verantwortung als auch der Lohn erweisen sich als viel größer, als wir erahnen. Hier gibt es "Support" für die beträchtliche Herausforderung, liebsorgende, verantwortliche und effektive Eltern zu sein. Der Lohn: Mehr Liebe und Freude, als wir jemals wussten, dass unser Herz sie fassen kann.

Auch Scheidung ist heilbar (035-9)

Aber es erfordert großen Einsatz, denn schließlich bewegt sich diese Erfahrung von Verlust auf so vielen Ebenen einschließlich des Verlustes zutiefst gehegter Träume. In dieser Zeit eine Mitte zu haben ist von äußerster Wichtigkeit - ein Ort, wo Du und Deine Welt noch okay und grundlegend gut sind. An genau diesem Ort findet Heilung und Wachstum statt.

Elfenhellfer.....Geschenke für ein lichtes Leben!

Du bist nicht allein (ISBN 3-85466-036-7)

Einsamkeit sagt uns, dass etwas aus dem Gleichgewicht ist und dass etwas fehlt in unserem Leben. In diesem Buch findest Du sanfte und praktische Vorschläge, die einen Weg der Erleichterung zeigen. Die gute Nachricht: Es gibt ein Leben jenseits von Einsamkeit. Ein paar Momente alleine mit dieser Einsamkeits-"Therapie" und du wirst erkennen, dass Du, wenn Du suchst, auch finden wirst: Du wirst entdecken, dass Du überhaupt nicht alleine bist!

Ruhestand, der glücklich macht (037-5)

Sich auf die neuen Umstände vorbereiten, sich an sie anpassen und das Beste aus ihnen machen: Hier finden sich pro-vokative und praktische Fingerzeige in Sachen, wie man aktiv bleibt, wie man weiter wächst und was man in Zeiten von Stress oder Angst oder Verlust am besten tun kann. Die eigentliche, laute und klare Botschaft ist: Dies ist ein gute Zeit, um Neues zu beginnen.

Die natürlichste Therapie: Natur (038-3)

Natur heilt. Indem sie uns erfreut und inspiriert, indem sie uns nährt und für uns sorgt und uns schlußendlich dazu bringt uns mit ihr zu befassen, macht das Um und Alles der Schöpfung sein therapeutisches Werk an unseren abgespannten, ermüdeten, gebrochenen oder überstressten Personas. Möge dieser Elfenhellfer bewirken, dass wir die Natur mit neuen Augen sehen und ihrer mit erneuertem Herzen gewahr sind. Wir bedürfen der Schönheit so sehr wie des Brotes.

Weitere bald erscheinende Elfenhellfer

Beherztsein im Alltag

An sich selbst glauben

Wahrhafte Weihnachten

Schenke Dich: Dein größtes Geschenk

Heilung dem Helfer

Wenn Dein Herz schwer ist

Bewußt Essen tut gut

Im Leiden Sinn erfahren

Finde Dein Gebet

Als Mann zu seiner Trauer stehn

Mit Schmerzen zurechtkommen

Mit schwierigen Leuten Umgang finden

Göttliches Urvertrauen

Mutter werden

Elfenhellfer für Kids

.....DAMIT ES DEN KINDERN GUT GEHT!

Traurig sein ist okay! *(ISBN 3-85466-039-1)*
Ein Trauer-Begleitbuch für Kinder, die einen Verlust erleben

Wenn Mama und Papa sich trennen *(-040-5)*
Ein Erste-Hilfe-Buch für Kinder

Wütend sein ist okay! *(ISBN 3-85466-041-3)*
Ein Kinderbuch über zornige Gefühle

Anderen mit Achtung begegnen *(-042-1)*
Sei so mutig, Dich zu kümmern, zu teilen und fair zu sein

Folgende weitere Titel erscheinen im Herbst 2006:

Damit die Schule cool bleibt - Ein Kids-Führer zum Handhaben von Schulproblemen; **Ich bin froh über mich** - Ein Kids-Buch über Selbstach-tung; **Wenn Du krank bist oder im Spital** - Heilende Hilfe für Kinder; **Wenn Oma oder Opa stirbt** - Ein Kinderführer zu gutem Trauern;

DIE "WIR-WISSEN-WEITER" KINDERBÜCHER im Kinder-Großformat je 38 Seiten.